I

APPRÉCIATION

DE

L'ŒUVRE PHILANTHROPIQUE

ACCOMPLIE PAR

LA SOCIÉTÉ DE SECOURS

POUR LES VICTIMES DE LA GUERRE

A LONDRES.

II

RAPPORT DE GESTION

PRÉSENTÉ PAR

LE COMITÉ DIRECTEUR A L'ASSEMBLÉE GÉNÉRALE.

Apprécié et traduit par un observateur impartial.

PARIS

A. PARENT, IMPRIMEUR DE LA FACULTÉ DE MÉDECINE

31, rue Monsieur-le-Prince, 31

1871

I

APPRÉCIATION

DE L'ŒUVRE PHILANTHROPIQUE ACCOMPLIE PAR LA SOCIÉTÉ DE
SECOURS POUR LES RÉFUGIÉS DE LA GUERRE

A LONDRES.

Parmi les nations voisines dont les sympathies pour la France se sont manifestées, pendant les récents événements, par les œuvres de la philanthropie, l'Angleterre occupe un rang des plus distingués. Aussi les efforts généreux de nos voisins d'outre-Manche ont-ils été appréciés par la presse et dans des cercles bien informés, entre autres par la haute autorité de notre ambassadeur à Londres, M. le duc de Broglie. Dans un meeting qui eut lieu dans le Mansion-House, sous la présidence du Lord-Maire, il a prononcé à ce sujet un discours chaleureux et bien inspiré.

Et l'autre jour encore, à l'occasion de la présentation au Lord-Maire de la grande-croix de la Légion d'honneur, décernée par le chef du gouvernement français, M. Léon Say, préfet de la Seine, ainsi que M. Vautrain, président du Conseil municipal de Paris, en répondant aux paroles si sympathiques du Lord-Maire, se sont faits les éloquents interprètes des sympathies de la France reconnaissante et des vues économiques et politiques les plus propres à garantir aux deux nations tous les bienfaits de leur alliance et de cet esprit de bonne réciprocité qui est la clef des solutions de l'avenir.

Cette Œuvre de la philanthropie anglaise s'est présentée sous une double face :

1) Secours d'argent, de provisions, etc., envoyés en France : *a.* aux blessés et aux malades de la guerre ; *b.* aux victimes du

siége; *c.* aux populations souffrantes des provinces envahies ; *d.* aux agriculteurs privés des moyens de remettre en culture leurs propriétés dévastées.

2) Secours, protection et occupations procurés en Angleterre, et spécialement à Londres, aux nombreux réfugiés arrivant au commencement de la saison rigoureuse et au milieu des flots d'une invasion d'un autre genre, qui rendait si précieuses les chances d'y trouver des occupations et des ressources.

Or, c'est précisément cette dernière face de l'Œuvre philanthropique de la nation anglaise qui a échappé davantage à l'observation du public français, préoccupé comme il était naturellement, des désastres qui se déroulaient successivement sous ses yeux, tandis que l'autre branche de la charité britannique qui s'étendait sur la France même a eu des effets assez sensibles et assez répandus pour avoir été généralement reconnus et appréciés.

Or, comme nous avons été dans le cas de suivre la marche de cette activité si généreuse et si ingénieuse, et de mesurer ainsi l'étendue de cette sphère d'action à Londres même, nous tenons à honneur de rendre un témoignage public à la philanthropie britannique, en mettant sous les yeux du public français les résultats généraux de cette Œuvre spéciale, d'après un rapport de gestion qui a été présenté à l'Assemblée générale de cette Association, présidée par le Lord-Maire (Dakin).

Ce rapport de gestion vient d'être publié sous forme d'une brochure de 48 pages in-8°, laquelle se compose de sept comptes-rendus distincts, d'après les sections ou sous-comités dans lesquels l'Association s'est subdivisée. Nous ferons suivre cette appréciation de la traduction du rapport général du Comité directeur qui résume tous les autres.

Il y avait :

1) *Un Comité directeur pour la section des Dames*, dont les patronnes étaient les princesses de la famille d'Orléans, Mmes la comtesse de Paris, la duchesse de Chartres et la princesse Marguerite d'Orléans. Quoique ce fût plutôt un titre honoraire, elles rivalisaient cependant de zèle et de soins

dévoués de tous les jours avec leurs collègues Mme la marquise douairière de Lothian, présidant la section des Dames, Mlle Lucy Kerr, secrétaire honoraire, etc.

2) *Un Comité chargé de représenter la section des Dames* auprès du Comité central. Président, M. le baron Eliot; secrétaire honoraire, M. W. Warren Vernon.

3) *Un Comité spécial de Dames pour procurer de l'ouvrage* aux personnes du sexe, représenté auprès du Comité central par M. Réginald Smith, et dirigé par Mlles Ralston-Sheddon et Stanley.

4) *Un Comité directeur pour la section des Messieurs*. Président, M. le baron Eliot; secrétaire honoraire, M. Francis Bennoch.

5) *Un Comité de secours* présidé d'abord par M. le lieutenant colonel Cracroft, et plus tard par M. H. T. Parker, avec M. le Dr Bennett pour secrétaire-adjoint.

6) *La Société de secours britannique de Paris*, représentée à Londres par M. Réginald Smith, avec M. C.-C. Fitzroy pour secrétaire honoraire.

7) *Un Comité pour le service du Bazar*, représenté par M. Thomas Dickins et M. J.-G. Kenyon.

8) *Un comité rédacteur*, représenté par M. Bevan et M. le Dr Ramsay.

9) *Un Comité chargé de procurer des logements et des provisions* (au moyen de bons), représenté par M. Warren Vernon et M. Lightly Simpson.

10) *Un Comité financier* représenté par M. le général Ashburnham et M. George Fenn.

Disons tout d'abord que cette Œuvre remarquable doit son origine à la généreuse initiative de *M. Francis Bennoch*, négociant et notable de Londres, lequel, par un éloquent appel adressé au public anglais par l'organe du journal le *Times*, donna la première et puissante impulsion à l'organisation des secours britanniques pour les victimes de la guerre. Il continua ensuite, pendant toute la période de l'existence de cette Association, à lui prodiguer l'appui de son énergie et de ses soins intelligents et sympathiques, aidé par le dévouement infatigable et les lumières de M. le

Dr Bennett et de tous les membres des Comités ci-dessus nommés.

Ces divers Comités siégeaient tous les jours avec une assiduité et un dévouement remarquables qui s'inspiraient des besoins pressants de la situation et des plus nobles sympathies pour contribuer à soulager le poids des malheurs et des souffrances, non-seulement par le moyen des secours matériels, mais par le souffle généreux des meilleurs sentiments qui puissent honorer et ennoblir l'humanité.

Pour faire réellement une œuvre bonne et féconde, et pour assurer aux généreuses intentions des donateurs la plus grande somme de résultats pratiques, il fallait beaucoup de lumières et d'expérience en organisant un ensemble de services bien agencés en vue d'une bonne marche des affaires. Il fallait de plus les grandes qualités du jugement, du tact et surtout de la patience pour entrer journellement dans tous les détails souvent compliqués et parfois fastidieux des cas qui se présentaient devant les Comités, et pour les soumettre ensuite à un contrôle actif. Aussi les divers Comités n'ont-ils pas failli à leur tâche. Un certain nombre de ces messieurs ont même multiplié leurs services en faisant partie de plusieurs ou de tous les Comités à la fois, pour apporter ainsi à chacun la somme réunie de l'expérience et des données acquises, et pour acheminer l'Œuvre commune.

L'impression produite par cette manière d'agir si franche, si simple et si sympathique, exempte de tout apparat de paroles et de manières, a dû porter l'encouragement et laisser un souvenir béni dans le cœur de milliers de personnes auxquelles cette Société a ainsi tendu une main fraternelle e secourable au milieu des détresses du naufrage.

Le total des sommes reçues par la Société de secours pour les réfugiés de la guerre s'est élevé au chiffre de 9,675 livres, soit environ 250,000 fr.

Le nombre total des personnes qui ont obtenu des secours, de la protection et des occupations est de 5,913, qui toutes étaient venues de France, mais parmi lesquelles se trouvaient aussi des ressortissants d'autres nationalités. En outre, 1,283 demandes de secours ont dû être refusées à la suite du contrôle

de renseignements pris, comme ne rentrant pas dans la catégorie des cas prévus par le but de cette Association. Ce chiffre
fait voir l'étendue de la tâche laborieuse et minutieuse que
s'étaient imposée les divers Comités; car ils avaient à lutter
contre bien des difficultés et à tourner bien des obstacles et
des écueils.

Lorsque la paix arriva, les comités offrirent aux réfugiés
les moyens de retourner sur le continent, et environ 400 personnes profitèrent des facilités offertes pour rentrer dans leurs
situations, ou pour retourner dans leur pays.

Comme chaque personne qui se présentait devant les comités avait à remplir un formulaire, pour expliquer les
motifs de cette démarche et les circonstances individuelles
de la personne, les comités ont été appelés à prendre ainsi
connaissance d'un grand nombre de cas, lesquels, indivi-
duellement et collectivement, offrent un tableau saisissant
des péripéties et des épisodes de la vie publique et privée
amenés par la guerre. Chacun des cas fut ensuite soumis au
contrôle de renseignements contradictoires , et souvent
d'une visite domiciliaire.

Les comités déployaient une grande activité pour procurer de l'ouvrage et des situations, ce qui causa un travail
très-considérable de correspondances et de négociations. Mal-
gré les difficultés et les dérangements inséparables d'une
pareille œuvre de dévouement, le Comité central déclare,
dans son rapport, qu'elle ne laissait pas de lui offrir constamment de l'intérêt.

« Aucun drame, dit-il, ne pourrait, dans ses unités, être
plus parfait, aucun roman plus saisissant d'effets produits
par les contrastes de situations et de fortune à la suite de
cette dernière guerre ! Si plus tard quelque romancier désirait reproduire, par une œuvre littéraire, le tableau des événements de cette année , il trouverait une source féconde
d'inspirations et de matériaux dans l'ensemble des faits tels
qu'ils se sont successivement déroulés devant les yeux, et
qu'ils se trouvent consignés dans les procès-verbaux et dossiers de notre Société. »

Des remerciements ont été présentés pour l'activité et le

dévouement consacrés à cette œuvre, — en dehors des personnes déjà nommées, — par le Lord-Maire, offrant à la Société l'appui de sa haute autorité; Mgr l'archevêque de Canterbury, président honoraire de la Société; Mgr l'archevêque Manning; le rév. Mgr Capel; le rév. Henry White, aumônier de M. le Président de la chambre des Communes; le rév. Ed. Forbes, aumônier de l'Ambassade britannique à Paris; le rév. Gurney, de ditto; MM. les pasteurs Ch. Faure, G. Maul et F. Marzials, à Londres; MM. les docteurs Ramsay, Fraser, Meryon, Harper, Tégart, pour les soins médicaux et gratuits donnés aux malades; Mmes J. Hungerford Pollen, Nassau-Senior, Prestwich, Worsley et Macdonald; MM. J. Erichsen; Shaw-Stewart et Dr Burney Yeo, membres de comités; M. Corbière et M. Lintilhac, qui secondaient l'œuvre en mettant au service des comités leurs connaissances locales et leurs renseignements personnels; M. Eug. Rimmel et MM. Boulnois, propriétaires du bazar en Baker-Street, se chargeant des soins d'un bazar spécial; MM. Créton et Ce, passage Saulnier, à Paris, qui avaient offert leurs services pour les affaires financières de la Société à Paris; Sir Julius Bénédict, directeur du grand concert donné avec le concours d'éminents artistes en faveur de l'Œuvre à St-James's Hall; les sociétés artistiques appelées « The Wandering Minstrels, et « The Lilies of the Prairie », donnant des concerts; M. Lafont et la Compagnie d'artistes français donnant des représentations au bénéfice de la Société, au théâtre de St-James; Mme Sainton-Dolby et Mme Casanetti, donnant des concerts; Mlle Cahan, dirigeant un bazar spécial, avec l'appui et dans la maison de M. et Mme de Pereira; Mlle Emily Faithfull, donnant des conférences; le rév. D^r O'Brien, organisant des concerts donnés par la Société chorale de Brighton; le comité de Bolton faisant une contribution considérable; Mme Duval et M. l'abbé Casgroin, représentant un comité de dames, formé dans le même but à Québec; et pour terminer par une bonne œuvre dont on a bien appréciée tout le prix, M. J. Hope Scott, à Westminster, et M. Henry Heard, Westbourne-Park, qui ont chacun offert une maison pour servir d'asile; MM. R. Swift et Ce, marchands bottiers; MM. H. E. et M. Moses, et

MM. Silver et Ce, marchands tailleurs, qui ont bien voulu offrir leurs marchandises au prix coûtant.

Le Comité central, par l'organe de son secrétaire, l'honorable M. Francis Bennoch, a constaté, avec une satisfaction bien légitime, qu'il a déjà reçu de nombreuses lettres de remerciements, exprimant, dans les termes les plus chaleureux, les services rendus à un grand nombre de personnes, qui, sans l'assistance opportune de cette Société, auraient été réduites à toutes les extrémités de la misère, et qui ont été ramenées au port par ses soins.

Mais, comme disait jadis Aristote : « Il est facile de louer les Athéniens à Athènes. » Et nous sommes heureux de nous associer à ces témoignages de reconnaissance, en contribuant, pour notre part, à faire connaître et apprécier cette œuvre philanthropique en France, et en affirmant que l'Angleterre a ainsi resserré les liens d'amitié qui existent depuis nombre d'années entre les deux nations.

> Jamais le Lion de la Grande-Bretagne
> Ne sera couché aux pieds d'un Charlemagne,
> Si, toujours fidèle à son génie tutélaire,
> Elle ne sacrifie pas à une paix fiduciaire.

II

RAPPORT DE GESTION

PRÉSENTÉ PAR LE COMITÉ CENTRAL A L'ASSEMBLÉE GÉNÉRALE
DE LA SOCIÉTÉ DE SECOURS POUR LES RÉFUGIÉS
A LONDRES.

Dans notre premier rapport, nous avons expliqué les principes qui dirigeaient votre Comité dans l'exercice de son mandat pour réaliser les intentions généreuses des donateurs. Plusieurs Sous-Comités furent formés dont chacun avait sa sphère d'activité spéciale; et comme ces Comités pouvaient seuls être initiés à tous les détails de l'œuvre qui leur était dévolue, il était désirable que chacun d'eux présentât un compte-rendu spécial.

L'ensemble de ces comptes-rendus qui ont été ajoutés à la suite de ce rapport général, traitent des diverses branches de cette œuvre philanthropique d'une manière si compréhensive et détaillée que la tâche de votre Comité devenait très-simple et qu'il devait se contenter de donner dans son rapport la substance et les traits généraux de notre gestion d'affaires.

A l'époque où notre dernier compte-rendu fut présenté, nous pensions que les transactions de notre Société pourraient être terminées vers la fin de février. Mais la nouvelle crise amenée par la récente insurrection, vint y mettre un obstacle inattendu en créant une nouvelle situation qui appelait la continuation de notre œuvre, de sorte que c'est aujourd'hui seulement, au bout de dix mois de travaux incessants, que nous sommes à même de présenter notre rapport définitif.

Voici d'abord le total des sommes reçues :

Par le Comité central................. Fr. 148,542 45
     «   des dames............... 96,094 25
                                               244,636 70

Cette somme a été consacrée aux diverses branches de notre Œuvre d'après les données fournies par les comptes-rendus détaillés des Comités spéciaux, de sorte qu'il ne reste entre les mains du Comité central qu'une somme de fr. 1,887 fr. 85 qui suffira pour faire face aux frais de la publication de ce rapport et aux autres dépenses nécessitées par la liquidation des affaires de notre société.

Les comptes-rendus, ainsi que les pièces justificatives, ont été dûment contrôlés et approuvés par les vérificateurs honoraires, MM. Nichols et Chatteris. Le secrétaire honoraire a été ensuite chargé de recueillir et de faire relier tous les livres, qui seront déposés dans une caisse pour être à la disposition de qui de droit et pour servir de point de départ aux besoins et aux éventualités de l'avenir.

Votre Comité central désire rendre hommage à l'activité et au dévouement que les divers Sous-Comités ont déployés dans l'accomplissement de leurs devoirs; à l'intérêt sympathique et au zèle soutenu dont Lady Lothian et ses collègues formant le Comité directeur des dames ont fait preuve ; au travail patient et aux intentions généreuses dans lesquelles a persévéré le Comité des secours; aux lumières et à l'expérience pratique de la Société de secours britannique; aux fonctions délicates et difficiles et à l'esprit d'abnégation dont s'est armé le Comité des dames chargées de procurer de l'ouvrage aux personnes du sexe, ainsi qu'aux efforts laborieux et incessants du Comité du Bazar, qui tous ensemble appellent l'approbation de notre Société de secours pour les réfugiés de la guerre.

La pensée dont s'inspirait notre Société était noblement et largement conçue. Les travaux qu'elle imposait aux divers Comités étaient nombreux et incessants; mais personne n'a failli dans l'accomplissement de fonctions qui parfois étaient pénibles, parfois déchirantes, mais toujours intéressantes, parce qu'il était abondamment démontré que des milliers de réfugiés auraient été exposés à toutes les extrémités de la misère sans les secours opportuns et la protection accordés par notre Société.

Maintenant que cette œuvre est terminée et que l'historique, souvent douloureux et saisissant d'intérêt, de chaque cas est consigné en détail dans les formulaires, remplis et signés par chacun des assistés, il n'est pas nécessaire à cette place de s'y étendre davantage. Mais on comprend facilement que chacun de ces formulaires, ainsi remplis avec soin, contient une notice biographique de la personne sollicitant des secours, et les motifs de cette démarche. Aucun drame ne saurait, par ses unités, être plus parfait. Aucun roman plus achevé et plus saisissant d'effets, par les contrastes émouvants des vicissitudes de fortune et de situation. Si, dans l'avenir, un romancier désirait faire le tableau des événements de cette année, il trouverait dans les dossiers et procès-verbaux de notre société une source féconde d'inspirations, de faits et de données.

Voici maintenant le nombre total des personnes assistées par :

Le Comité central	2,053
Le Comité des dames	2,083
Le Comité spécial des dames	416
La Société de secours britannique	902
La Société de secours pour les réfugiés de la guerre à Jersey	55
Par M. le professeur Léoni Lévi (Italiens)	30
Frais de voyage payés à	394
Total des cas	5,933

Demandes de secours refusées dans des cas qu'on ne trouvait pas sérieux après avoir pris des renseignements.. 1,283

Quand on considère que toutes les demandes de secours furent sérieusement examinées, et que dans bien des cas on fit des visites à domicile, on pourra se faire en quelque sorte une idée du travail minutieux et de la tâche laborieuse dont les Comités avaient à s'acquitter.

A mesure que nous avancions, nous avons trouvé que les besoins et les nécessités auxquels notre Société était appelée à faire face, étaient beaucoup plus considérables qu'on n'avait prévu. Au lieu des classes moyennes et laborieuses proprement dites, il s'agissait, dans un très-grand nombre de cas, de personnes d'un rang social beaucoup plus élevé, tel que l'enseignement, les arts et les lettres. Il y avait dans cette catégorie de cas des personnes très - éminentes qui se rattachaient quelquefois à des familles nobles, et qui, subitement précipitées dans un abîme de malheur et de détresse, n'avaient plus d'autre ressource que d'avoir recours à notre Société. Nous sommes assurés qu'une partie des fonds consacrés à cette œuvre seront plus tard remboursés sous une forme ou sous une autre, de sorte que, par la suite, ils pourront servir, dans des cas analogues, à soulager d'autres infortunes et d'autres misères, si cette nécessité doulou reuse devait se présenter encore dans l'avenir.

De même que dans toutes les œuvres de ce genre, il arriva nécessairement que l'activité de quelques membres des Comités était plus particulièrement mise à contribution par les travaux de notre Société. Mais comme tous ont concouru au succès de l'œuvre commune, en travaillant chacun à son poste, quel qu'il fût, il ne nous appartient guère de décerner ici des mentions honorables. Et cependant, quoique nous donnions les noms des membres de notre Comité central, ainsi que ceux des Comités-directeurs et des Sous-Comités, nous sentons bien que nous manquerions à notre devoir, si nous terminions nos travaux sans signaler les services rendus par ceux qui, gratuitement et chaque jour, pendant plus de huit mois, ont consacré leur temps et leur énergie à l'œuvre de notre Société, soit comme membres des Comités directeurs, soit comme membres du Comité de secours, ou du Comité des Finances. Plusieurs de ces membres, pour multiplier leurs services, faisaient même partie de tous les comités, pour apporter ainsi à chacun la somme réunie de l'expérience et des lumières acquises et pour faciliter l'agencement et la bonne marche des différents services de cette œuvre.

Nous exprimons nos remerciements les mieux sentis pour les services qui ont été rendus par :

Le très-hon. baron Eliot, président dévoué du Comité directeur, qui a dirigé nos délibérations avec tant de jugement et d'expérience pratique ; M. le lieutenant-colonel Cracroft, premier président du Comité de secours, et M. H. T. Parker, son successeur, qui a fait preuve d'excellentes qualités en accueillant, avec une patience soutenue, toutes les demandes de secours qui se présentaient journellement ; M. Corbière et M. Lintilhac, lesquels, en leur qualité de Français, étaient à même de nous fournir des données très-utiles pour mettre cette œuvre à l'abri de manœuvres frauduleuses, pratiquées en se mettant au bénéfice de la qualité de réfugiés ; M. George Fenn, et M. Lightly Simpson le jeune, qui se chargeaient de la tâche laborieuse et importante d'administrer les fonds de la Société ; M. Réginald Smith, qui, en sa qualité d'ancien membre de la Société de secours britannique à Paris, s'occupait activement de l'organisation d'un service pour cette Société ici même, en Mount-Street, et lequel, ayant été choisi comme un de nos délégués auprès du Comité spécial des dames, se chargea en cette qualité des fonctions d'un rapporteur ; M. Thom. Dickins et M. Eug. Rimmel, qui s'acquittaient avec beaucoup d'intelligence et de zèle de la tâche minutieuse et difficile d'organiser un bazar ; M. le Dr Ramsay, notre médecin honoraire, lequel, pendant la longue existence de notre Société, semblait se multiplier pour rendre partout des services ; l'hon. Warren Vernon, et M. Kenyon, membres des Comités. Sans l'activité intelligente et le dévouement infatigable de tous ces messieurs, il eût été impossible d'accomplir l'œuvre que notre Société avait entreprise.

En fait de remerciements, nous nous faisons un plaisir de signaler les services rendus à notre Société par le très-honorable Lord-Maire, qui a si bien concouru au succès de notre œuvre, en accueillant avec empressement toutes les combinaisons proposées à cet effet. Nous devons aussi des remerciements à Sa Grâce l'archevêque de Canterbury, pour une excellente lettre pleine de sympathies et de Conseils éclairés qu'il nous a adressée le jour de notre inauguration ; à Mgr l'archevêque Manning, et au très-Rév. Mgr. Capel ; au Rév. Henry White, de l'Eglise de Savoie, et aumônier du président de la Chambre des communes ; au Rév. Ed. Forbes, aumônier de l'Ambassade britannique à Paris ; et au Rév. Gurney de ditto ; à messieurs les pasteurs Ch. Faure, G. Maul et F. Marzials, pour leur zèle soutenu et leur activité judicieuse comme membres des Comités.

Nous ne terminerons pas cette liste sans offrir le tribut de nos hommages à messieurs les directeurs de la presse. C'est l'empressement avec lequel ils ont accordé à notre appel la publicité de leurs journaux qui l'a fait si vite et si bien accueillir par l'opinion publique. C'est par leur concours sympathique que cette Œuvre a été constamment maintenue au grand jour de la publicité, de sorte que, sans quêtes et par le seul intermédiaire de la presse et de la poste, nos contributions volontaires ont atteint le chiffre considérable d'environ 250,000 fr. Nous osons encore espérer que, par leurs bons offices, notre rapport définitif sera, sous la forme d'un résumé, porté partout à la connaissance d'un public sympathique à cette Œuvre. Et nous nous empressons de les remercier d'avance de cet acte de courtoisie.

N'oublions pas non plus les sentiments philanthropiques dont se sont inspirées les deux Sociétés artistiques appelées, l'une « The Wandering Minstrels », et l'autre « The White Lilies of the Prairie », en donnant, au profit de cette œuvre, d'excellents concerts qui ont contribué à augmenter nos fonds ; ni les personnes qui ont bien voulu donner des conférences ; ni les ministres de toutes les dénominations, qui, par des prédications chaleureuses, ont si bien plaidé notre cause en ouvrant les cœurs au souffle régénérateur des sympathies de l'humanité.

Nous nous faisons un grand plaisir de mentionner encore les chefs et officiers de corporations et de compagnies, ainsi que les banquiers et négociants et le public philanthropique en général, qui tous ont prêté à cette œuvre le concours de leurs sympathies et de leurs fonds. Il suffit de jeter un coup d'œil sur la liste des donateurs pour se convaincre que toutes les classes et tous les rangs de la société y sont représentés. Il y a des princes, des pairs, des membres de la Chambre des Communes, d'éminents hommes d'état, des membres des professions libérales et des représentants de la classe laborieuse ; des dames de haute distinction et de pauvres couturières. Toutes les distinctions se sont effacées en s'associant ainsi à cette œuvre de charité et de bonne volonté. Des employés de chemin de fer et même des enfants allant encore à l'école, s'empressaient de contribuer par leur obole, jusqu'à cette petite fille qui envoya un timbre d'un penny pour faire donner du lait à une enfant française qui était malade.

Nous tenons aussi à renouveler nos remerciements au Chargé d'affaires de France à Londres, qui a bien voulu, dans la mesure de ses pouvoirs, procurer aux ressortissants français le passage gratuit pour tel port de la France où ils désiraient débarquer, pour se rendre dans leurs foyers.

Le Comité se félicite d'avoir pu s'assurer les services distingués de M. le docteur W. C. Bennett comme secrétaire-adjoint. Les lumières et l'activité sympathiques qu'il a déployées en faveur de notre cause, appellent notre approbation la plus chaleureuse, dont il n'a pas manqué de recevoir des témoignages bien sentis.

Nous avions eu la pensée de terminer notre rapport en essayant de donner quelques esquisses biographiques de personnes avec lesquelles les récents événements nous ont ainsi mis en rapport. Mais un sentiment de délicatesse bien légitime et la réserve qui nous est imposée par le caractère sacré des communications confidentielles qui nous ont été faites, nous déterminent à nous en abstenir. Cependant, sans risquer de froisser le sentiment le plus délicat, nous pouvons résumer le tout en constatant le fait, dépouillé de toute exagération, que des pairs et des paysans, des professeurs, artistes et musiciens, des acteurs et des instituteurs, des gouvernantes et des domestiques, des médecins, ministres et sœurs de charité, des soldats, marins et valets, ainsi que des personnes de presque tous les métiers et professions et de tout âge, depuis une dame de 85 ans jusqu'à un enfant nouveau-né, ont paru de-

vant nos Comités et ont reçu des secours après renseignements pris.

Cependant, de toutes les phases de notre OEuvre, nulle n'a
été naturellement plus satisfaisante que celle de voir arri-
ver le moment où nous pouvions faire rentrer chez eux des réfugiés, au moyen du passage gratuit et d'une certaine somme
d'argent qui leur fut remise pour faire face aux premiers
besoins après leur retour.

Environ 400 personnes, dont plusieurs avaient été l'objet
de nos soins pendant nombre de mois, ont profité de ces facilités. Aussi les lettres de remerciements que nous avons
déjà reçues et qui nous arrivent encore témoignent-elles, dans
les termes de la plus chaleureuse reconnaissance, des services
qui leur ont été, pour ainsi dire, providentiellement rendus,
dans bien des cas de détresse réelle. Ces faits démontrent que, si
l'inauguration de cette Société a été une heureuse inspiration,
la clôture de ses transactions est marquée par des circonstances et des résultats non moins satisfaisants, et qu'une béné-
diction divine paraîtrait reposer sur les travaux philanthropiques de la Société de secours pour les réfugiés de la
guerre.

80, Wood-Street, E. C.   Francis Bennoch,
1er Septembre 1871.   Secrétaire honoraire.

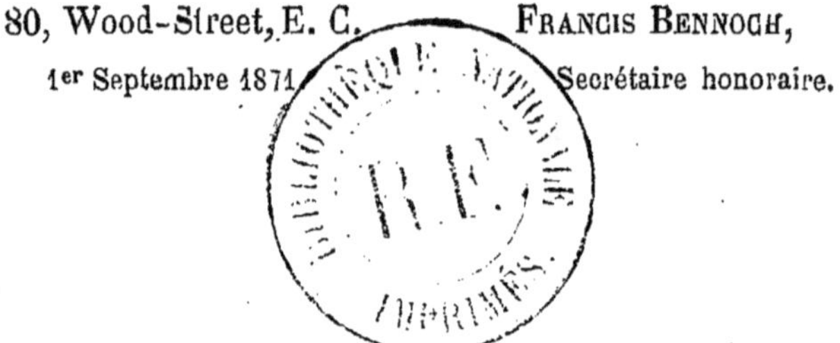

Paris. Typ. A. Parent, rue Monsieur-le-Prince, 31.